MW01643794

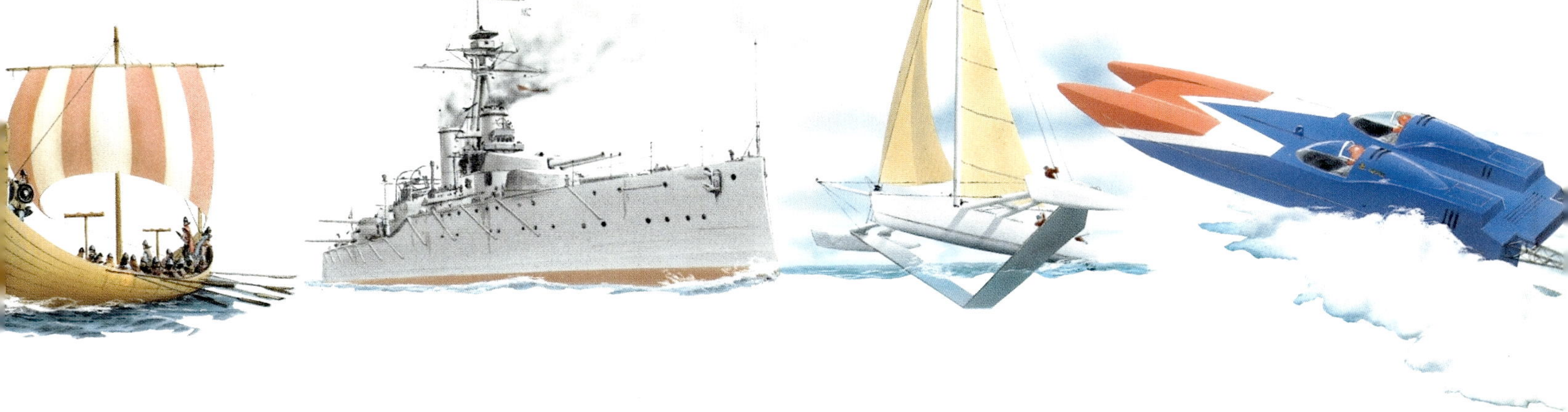

LES BATEAUX

POUR LES FAIRE CONNAITRE AUX ENFANTS DE 5 A 8 ANS

Conception
Émilie BEAUMONT

Texte
Agnès VANDEWIELE

Images
John Downes

ÉDITIONS FLEURUS, 11, rue Duguay-Trouin 75006 PARIS

LES PREMIERS BATEAUX

Pour pêcher, chasser, traverser fleuves et lacs, les premiers hommes ont inventé des embarcations pouvant flotter sur l'eau. Les premières étaient des pirogues creusées dans des troncs d'arbre, des radeaux en bois, des planches soutenues par des sacs de peau gonflés d'air (outres), des barques de roseaux ou de papyrus. On faisait avancer ces embarcations à l'aide d'une perche ou d'un aviron. 2000 ans avant J.-C., les Crétois et les Phéniciens construisent des navires marchands munis d'une voile. Avec les voiles apparaissent de nouvelles tactiques militaires : en coupant le vent à l'ennemi on l'empêche de manœuvrer.

La galère romaine

La galère, longue et étroite, était surtout destinée au combat. Apparue au VIe siècle av. J.-C., utilisée par les Grecs, les Phéniciens et les Romains, elle était gréée d'une voile et, à l'arrière, un aviron de queue faisait office de gouvernail. L'avant était prolongé par un éperon d'abordage : le rostre. Il existait plusieurs types de galères : les dières avaient 2 rangées de rameurs, les trirèmes 3 rangées, et les quinquérèmes, pouvant atteindre 50 m de long, comptaient 5 rangs de rameurs. L'une des plus grandes, construite à Alexandrie au IIIe siècle av. J.-C., avait 4000 galériens ! Les galériens étaient des esclaves ou des condamnés.

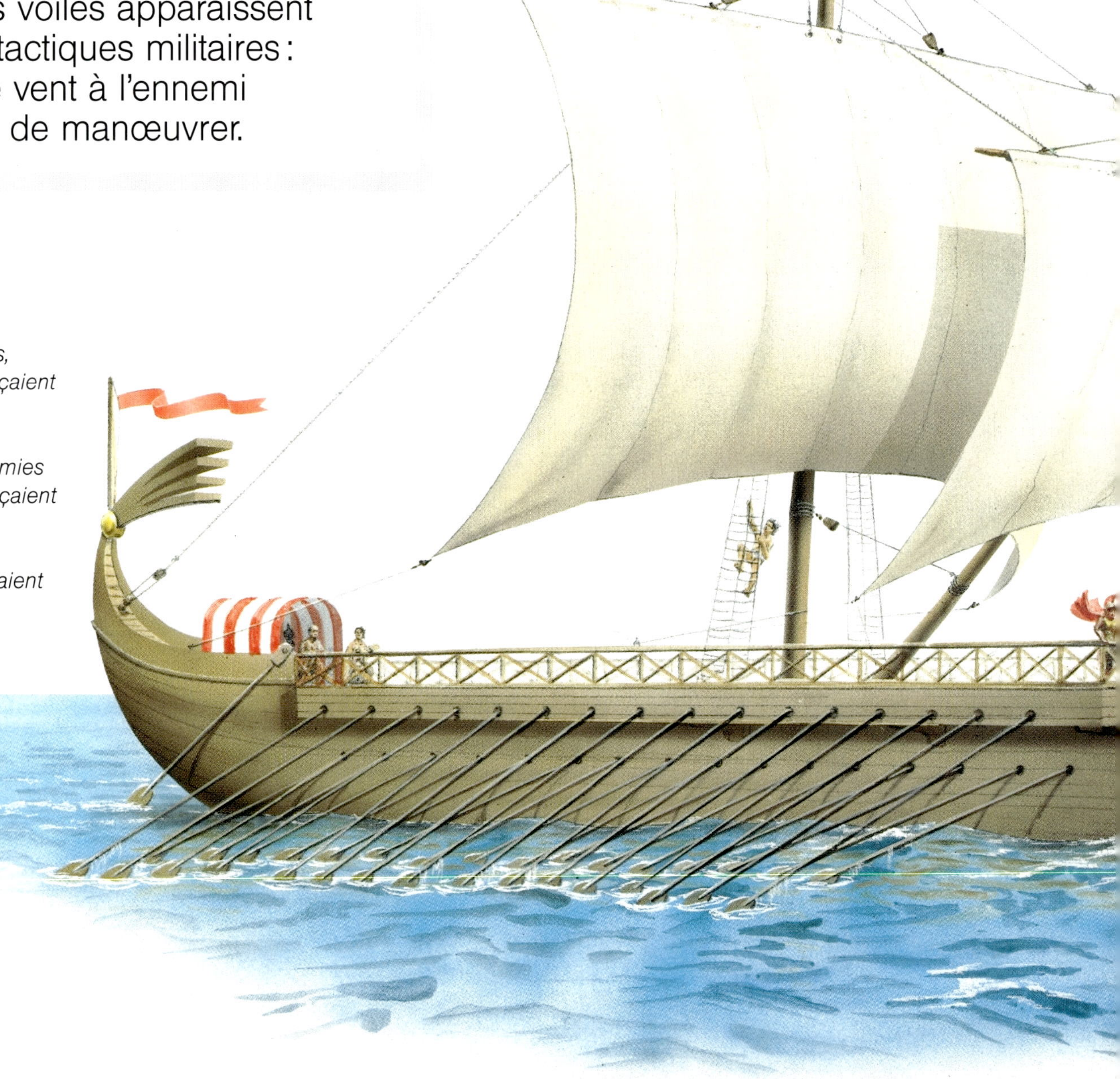

Lors des combats, les galères enfonçaient leurs éperons dans les coques des galères ennemies et les archers lançaient des javelots et des lances. Les galères pouvaient atteindre environ 16 km/h.

Le drakkar

Les Vikings, ces marins guerriers venus de Scandinavie aux IXe et Xe siècles, sillonnaient les mers sur leurs drakkars, des grands voiliers, longs de 20 m dont la coque était faite de planches se recouvrant les unes les autres, comme les tuiles d'un toit. Le mât portait une grande voile de toile carrée. Les Vikings ramaient, assis sur leurs coffres. À l'arrière, une grande rame servait de gouvernail. Naviguant bien loin de chez eux à bord des drakkars, les Vikings ont envahi la Normandie et remonté la Seine. Ils ont traversé l'Atlantique, colonisé l'Islande et le Groenland, et pénétré en Russie.

La barque de papyrus ►

Dans l'ancienne Égypte, le bois était rare. Aussi construisait-on de petites embarcations avec des bottes de papyrus qui poussaient dans les marais. Le papyrus étant fragile, ces embarcations n'étaient pas plus grandes qu'une barque.

Le radeau péruvien

Au bord du lac Titicaca, à 3800 m d'altitude, les Indiens construisent des barques de roseaux pour aller pêcher. Ils lient, avec des tresses, des paquets de roseaux. L'un formera le fond, les autres, les côtés.

Les pêcheurs péruviens remplacent parfois la pagaie (ici) par une gaffe munie de dents qui accroche les fonds vaseux.

La barque solaire de Kheops

Construite vers 2600 av. J.-C. pour les funérailles du pharaon Kheops, elle a été découverte, enfouie dans le sable, près de la grande pyramide de Kheops, à Gizeh.

Ce navire est le plus ancien que l'on connaisse. Il devait transporter le pharaon dans son voyage après la mort.

LE TEMPS DES VOILIERS

Vers le XIVe siècle apparaissent les caravelles, de grands voiliers à hauts bords, avec 2 ou 3 mâts, et, plus grosses encore, les caraques. Ce sont 3 caravelles qui porteront l'expédition de Christophe Colomb à la découverte du Nouveau Monde en 1492. Au XVIe siècle, avec sa coque plus fine, le galion est plus rapide. Les galions ramèneront en Europe les richesses enlevées aux Indiens d'Amérique. Pour rendre les vaisseaux plus performants, on construit des voiliers légers avec une grande surface de voilure, les goélettes aux XVIIIe et XIXe siècles, puis les clippers.

La bataille navale

Dès l'Antiquité, les navires s'arment contre les pirates et les bateaux ennemis. Lorsqu'il est attaqué, l'équipage lance flèches et brûlots, puis c'est l'abordage : sur le pont, les marins combattent corps à corps, à coups de massue et d'épée. Au XVe siècle, avec les canons, la tactique change. Lors de la bataille, les flottes ennemies défilent bord à bord en ligne (d'où le nom de « vaisseau de ligne »), et les canons tirent leurs bordées de boulets. Mais le combat se termine encore souvent par un violent assaut.

La bataille de Trafalgar a été la dernière grande bataille de navires à voiles. Elle a opposé la flotte anglaise, commandée par Nelson, aux navires alliés franco-espagnols. Cette célèbre bataille s'est engagée le 21 octobre 1805 au large de l'Espagne, près du cap de Trafalgar. Sur les 33 navires alliés, la plupart se sont rendus, d'autres ont réussi à s'enfuir et un a coulé, tandis qu'aucun bateau anglais n'a été perdu.

La goélette ▶

La goélette est un voilier léger et rapide, très maniable. Les premières ont 2 mâts, puis leur taille augmente pour lutter contre les navires à vapeur. Après 1880, on construit des goélettes à 4, ou même 6 mâts. Elles transportent du charbon, des céréales, du coton. L'*America*, la plus célèbre des goélettes, gagne en 1851 la régate de l'île de Wight, en Angleterre, et donne ainsi naissance à la célèbre America's Cup.

Le clipper ▶

C'est un grand voilier, étroit et effilé. Rapides, les clippers sont aussi d'excellents navires marchands ; vers 1850, ils vont chercher de la laine et de l'or en Australie. Puis, quand la Chine s'ouvre au commerce, commencent les grandes courses du thé, où les clippers rivalisent pour rapporter en Europe le premier thé de l'année.

Les jonques naviguent encore aujourd'hui en Chine et au Viêt-nam.

La jonque chinoise

Les jonques, utilisées à la fois pour le commerce, la pêche et la guerre, ont le plus souvent 3 mâts et 1 ou 2 voiles faites d'étroits panneaux de paille ou de joncs tressés. La coque est en bois de cyprès ou de camphrier. Robustes, les jonques de commerce peuvent accomplir de grands voyages, car elles tiennent bien la mer et s'orientent facilement par rapport au vent.

LES BATEAUX À VAPEUR

Dès 1783, le marquis de Jouffroy d'Abbans fit naviguer un bateau actionné par une machine à vapeur, mais c'était encore une curiosité expérimentale. Les bateaux à vapeur sont enfin pris au sérieux quand l'Américain Fulton construit le *Clermont* (1807). Propulsé par des roues à aubes, il met 32 h pour couvrir 240 km sur le fleuve Hudson. En 1838, on organise une course entre deux paquebots anglais : le *Great Western* de Brunel et le *Sirius* de Cork, qui traversent l'Atlantique uniquement à l'aide de la vapeur ; le *Sirius* arrive quelques heures avant le *Great Western*. Dès lors, la vapeur triomphe et remplace la voile.

Malgré ses grandes capacités, le Great Eastern *n'eut aucun succès commercial et ses armateurs furent ruinés.*

Les steamers du Mississippi

Les grands vapeurs du Mississippi avaient des roues à aubes. En tournant, les roues chassaient l'eau, faisant ainsi avancer le navire. Beaucoup de ces vapeurs, au lieu d'avoir deux roues sur les côtés, en avaient une seule, très grosse, placée à l'arrière. Ils étaient plus lents que les navires à hélice, mais leur exploitation était moins coûteuse. Ces *steamers* étaient à la fois des paquebots et des cargos, transportant des passagers et acheminant des marchandises, comme le coton par exemple.

Les steamers du Mississippi desservaient sur ce fleuve environ 50 escales, entre Memphis et la Nouvelle-Orléans.

◄ Le *Great Eastern*

Ce navire, le troisième construit par Brunel, fut mis à l'eau sur la Tamise le 31 janvier 1858. Entièrement en fer, il était le seul à avoir à la fois des roues à aubes, des hélices et des voiles. Ce géant des mers de 28 500 t, long de 211 m, devait pouvoir transporter jusqu'à 4 000 passagers ou 10 000 hommes de troupe vers l'Inde et l'Australie, et une cargaison de 6 000 t, à une allure de 28 km/h. Pendant 40 ans, il demeura le plus grand navire à flot. Mais ses résultats furent médiocres car ses moteurs n'étaient pas assez puissants. Sa seule réussite fut la pose du premier câble télégraphique transatlantique.

Le *Charlotte Dundas* ►

En 1802, William Symington a mis au point un moteur destiné à un remorqueur, le *Charlotte Dundas*. Un seul cylindre entraînait une roue cachée située à l'arrière. Lord Dundas, gouverneur des canaux du Firth et de la Clyde, en Écosse, pensait que ce type de bateau remplacerait les chevaux de halage.

Les cuirassés ►

C'est en 1860 qu'est construit le premier cuirassé : le *Gloire*. Sa coque est en bois doublé de plaques d'acier. Pour se protéger des canons de plus en plus puissants, les blindages sont de plus en plus épais. En 1900, le *Dreadnought*, cuirassé anglais à très fort blindage, armé de 10 canons, devient le modèle des cuirassés. Puis la marine anglaise construit, en 1909, 4 superdreadnoughts encore plus grands, mieux protégés et mieux armés.

Pendant la Première Guerre mondiale, ces cuirassés géants affronteront les croiseurs allemands.

Ci-dessus, l'Orion, l'un des quatre superdreadnoughts de 1909.

LES PAQUEBOTS

C'est en 1852 que les grands paquebots à vapeur sont mis en service par une compagnie anglaise pour les traversées hebdomadaires de l'Atlantique. Vers 1890, les turbines remplacent les machines à vapeur. On construit alors des paquebots plus grands comme le *Mauretania* (1907), qui gardera pendant plus de vingt ans le Ruban bleu, un trophée récompensant le navire le plus rapide sur la traversée de l'Atlantique. En 1931, le *Normandie*, palace flottant, obtient le Ruban bleu dès son premier voyage. Après 1945, les paquebots, concurrencés par les avions ne servent plus qu'aux croisières.

Ce géant anglais, de 335 m de long, est aussi haut qu'un immeuble de 12 étages.

Lancé en 1960, le France *fait 215 m de long, compte 12 ponts et peut emporter 2250 passagers.*

Construit en 1986, long de 360 m, c'est un bateau de croisière géant pouvant loger 5000 passagers et qui surprend par sa taille et son allure extraordinaire.

Le *Star Princess*

Ce paquebot est une véritable ville flottante qui voyage dans les mers des Caraïbes ou au large de l'Alaska.

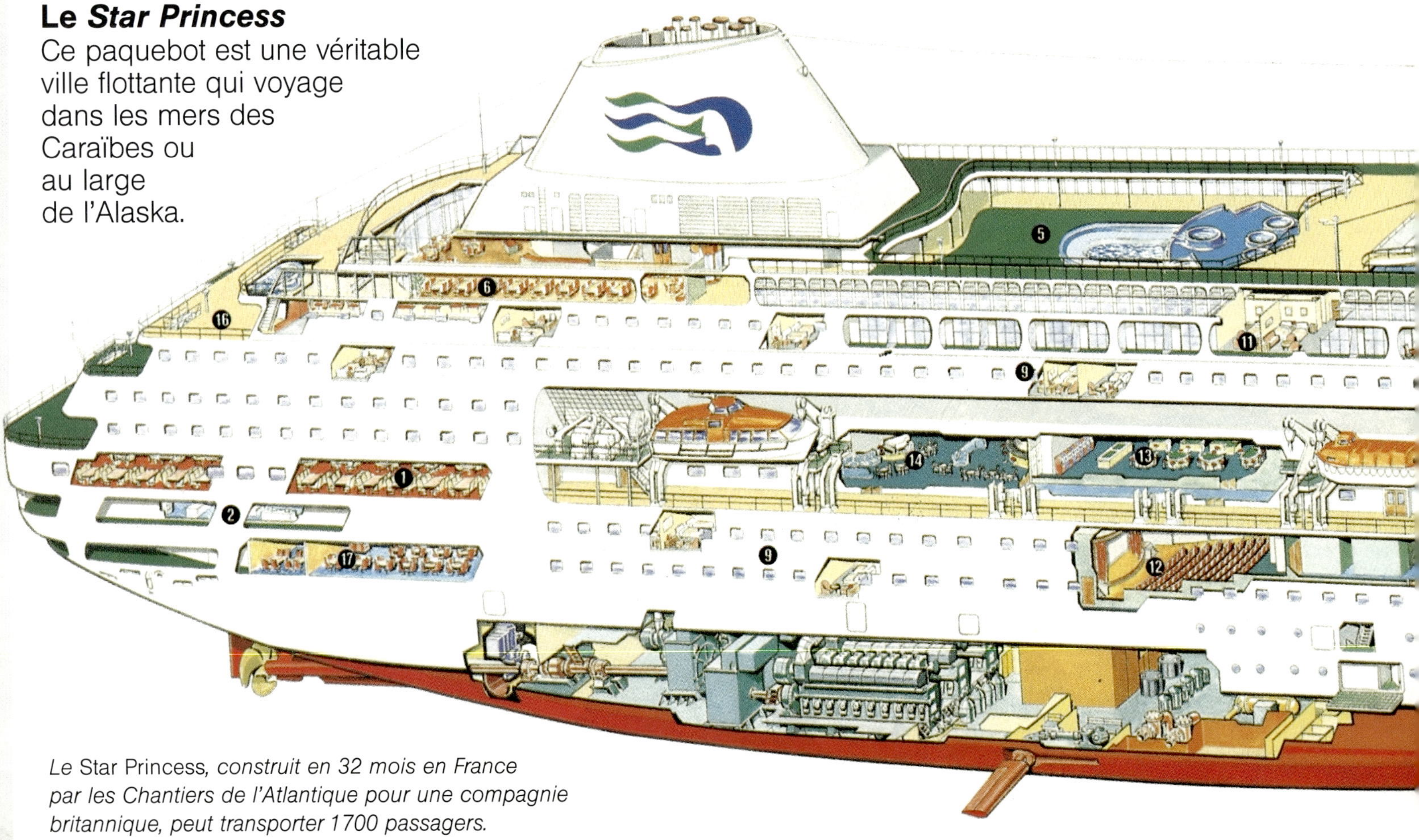

Le Star Princess, *construit en 32 mois en France par les Chantiers de l'Atlantique pour une compagnie britannique, peut transporter 1700 passagers.*

Le *Queen Mary*
En 1936, il offre la traversée de l'Atlantique Nord la plus rapide et la plus luxueuse. Lors de la Seconde Guerre mondiale, il sert au transport de troupes. Reconverti en paquebot de luxe en 1945, il finit sa carrière à quai, comme musée.

Le *France*
Ce transatlantique est un confortable hôtel flottant. En 13 ans, il fera 377 traversées de l'Atlantique et 93 croisières. Racheté par des Norvégiens en 1979, il fait actuellement des croisières dans la mer des Antilles.

Le *Phoenix*
Sur le *Phoenix*, toutes les cabines, au lieu d'être dans la coque, sont situées sur le pont, dans 4 grosses tours, offrant à tous les passagers une vue panoramique sur la mer.

Le *Titanic*

En 1912, la White Star Line lance un gigantesque paquebot à 4 cheminées, long de 268 m : le *Titanic*. Réputé insubmersible, il quitte Southampton pour New York le 10 avril 1912 : c'est sa première traversée. À bord, la vie s'écoule au rythme des fêtes et des jeux. Mais dans la nuit du 14 au 15 avril, vers 23 h 45, le *Titanic* heurte un iceberg. Tel un ouvre-boîte géant, l'iceberg entaille la coque sur 80 m et l'eau s'engouffre dans le navire. Deux heures après la collision, le *Titanic,* brisé en deux, sombre dans l'eau glacée avec plus de 1 500 passagers, qui n'ont pas pu trouver place dans les canots de sauvetage.

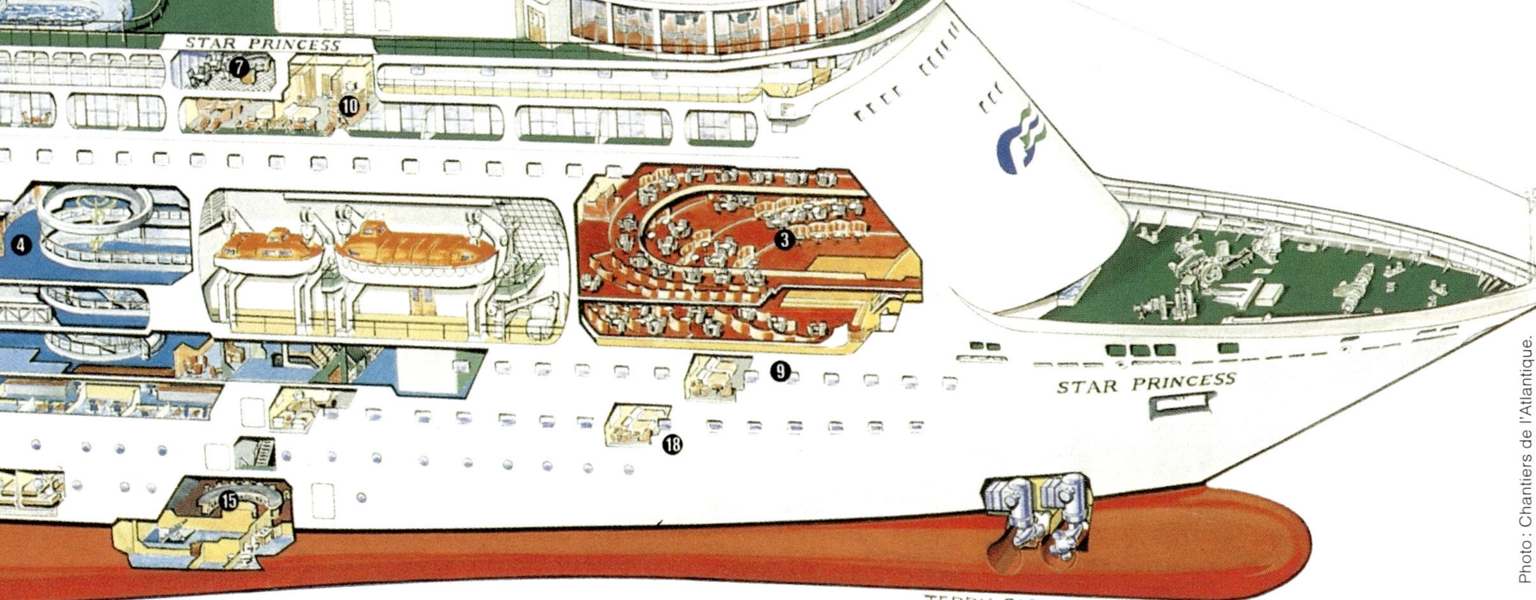

Photo : Chantiers de l'Atlantique.

1. Restaurant. 2. Cuisine. 3. Salle de spectacle. 4. Centre administratif et galerie commerciale. 5 ; 16. Piscines. 6. Cafétéria. 7 ; 14. Bars. 8. Salon. 9 ; 10 ; 11. Cabines. 12. Cinéma. 13. Casino. 15. Discothèque. 17. Salle pour l'équipage. 18. Cabines de l'équipage.

LES BATEAUX DE COURSE

Depuis l'apparition des navires à moteur, les voiliers ne servent plus que comme bateaux de plaisance ou de course. Depuis les années 60, les grandes courses de voile deviennent des compétitions. Pour aller toujours plus vite, on combine l'expérience de la mer avec les techniques de la navigation aérienne (voiles rigides comme des ailes, matériaux très résistants et très légers). Ainsi sont mis au point des engins ultrarapides comme l'hydroptère ou le Yellow Page Endeavour qui détient le record du monde de vitesse à la voile : 86 km/h.

Le catamaran

Avec ses 2 coques, le catamaran est plus stable qu'un voilier à une seule coque. Ce double-coque est un remarquable voilier de course. Par bon vent, la voile incline fortement le catamaran, la coque qui est au vent se soulève, une seule reste dans l'eau.

En 1994, les navigateurs Bourgnon et Lewis ont traversé l'Atlantique sur trimaran, de Plymouth en Angleterre à Newport aux États-Unis, en 9 j. et 8 h.

Le trimaran

Avec ses 3 coques, le trimaran est un voilier très rapide et très stable. Par vent fort, la coque qui est au vent se soulève hors de l'eau, la vitesse augmente. Les trimarans participent à la « Route du rhum », qui part chaque année de Saint-Malo pour rejoindre Pointe-à-Pitre.

Le meilleur tem
en catamaran e
74 j. 22 h 17 m

Le monocoque

Dans la prestigieuse coupe de l'America, ce sont des voiliers monocoques plus traditionnels, avec une coque et une voilure perfectionnées, qui s'affrontent. Tous les 4 ans, le club dernier vainqueur de la coupe, le *defender*, est défié par les meilleurs clubs de tous les autres pays, les *challengers*. En mai 1995, le meilleur des *challengers*, Peter Blake, avec son équipe sur le *Team New Zealand* a vaincu en finale le *defender*, le club de San Diego (USA), et remporté la coupe en Nouvelle-Zélande. Les monocoques de l'America atteignent des vitesses de 28 km/h.

L'offshore

Les offshore sont des embarcations très rapides, à 1 ou 2 coques faites en matériaux composites pour résister aux grandes vitesses. Munis de très puissants moteurs, les offshore exposent leurs pilotes à de graves accidents quand ils font un *flip*, c'est-à-dire quand ils se retournent. Le pilote est donc protégé par un cockpit de sécurité. Le record de vitesse actuel, atteint en octobre 1994, est de 253,30 km/h.

L'hydroptère ►

En l'air, la coque rencontre moins de résistance que dans l'eau. Le voilier va plus vite. C'est le principe des catamarans, des trimarans, et aussi de l'hydroptère. Ce voilier, lancé en juillet 1994, est muni de 2 grands plans inclinés comme les ailes d'un avion, les *foils* et maintenu par un bras transversal. Quand l'hydroptère atteint une vitesse de 20 km/h, les *foils* soulèvent la coque hors de l'eau, l'engin décolle comme un avion.

...l de tour du monde
...u par Peter Blake,

Mi-bateau mi-planeur, l'hydroptère peut atteindre 50 km/h.

LE TRANSPORT FLUVIAL

Depuis toujours, les voies navigables ont été idéales pour voyager et transporter des marchandises. Dès l'Antiquité, à Babylone et en Égypte, on creusait des canaux; mais les communications par voies navigables sont restées limitées jusqu'au XVIe siècle. Les premières écluses réalisées ont permis un développement considérable des transports fluviaux. Aujourd'hui, malgré les trains, les camions et les avions, les transports par bateaux à fond plat (péniches, chalands ou barges) subsistent car ils sont économiques et non polluants. Des caboteurs de mer peuvent même naviguer sur fleuve et sur mer.

Le halage des péniches a définitivement disparu au cours des années 60.

Péniches, chalands et barges

Actuellement sur les fleuves naviguent des péniches en acier, d'une capacité de 250 à 400 t, longues de 38 m, des chalands d'une capacité de 400 à 1350 t, longs jusqu'à 60 m, et des barges en convois. Les barges, sortes de longues caisses d'acier sans moteur, longues de 65 m, d'une capacité de 300 à 2500 t, sont accolées deux à deux, et forment de grands convois déplacés par un pousseur.

On transporte par eau des céréales, des denrées alimentaires, de la houille, du pétrole, du fuel, des minerais, des matériaux de construction, des engrais, des produits chimiques, de la pâte à papier, des véhicules. Un convoi poussé peut acheminer 5000 t, l'équivalent de 250 camions d'une capacité de 20 t.

◀ Le halage

Pendant des siècles, les péniches ont été tirées par des hommes. Puis elles ont été halées par des chevaux qui suivaient le canal sur un chemin de halage. La vie des charretiers qui guidaient les chevaux était très rude. Ils travaillaient 16 heures par jour.

Auparavant, l'éclusier devait manœuvrer par sa seule force musculaire les portes du sas. Depuis 1960, elles ont été peu à peu automatisées ou électrifiées.

Les écluses

À la fin du XVe siècle, Léonard de Vinci installe les premières écluses. Avec leur système de sas que l'on peut remplir ou vider par les portes d'amont et d'aval, les écluses permettent aux péniches de passer d'un niveau à un autre. Grâce aux écluses, des fleuves de niveaux différents peuvent être réunis par des canaux.

Le poste de commande

De son poste de commande, d'où il a une large vue sur le fleuve, le marinier contrôle le fonctionnement des moteurs, actionne le gouvernail pour guider la péniche, surveille les feux de signalisation. Il dispose d'une radio, d'un téléphone et parfois d'un radar.

Grâce à la radio et au téléphone, le marinier est en contact avec sa compagnie, les écluses et les ports.

LES BATEAUX DE PÊCHE

Selon le climat et les variétés de poissons, les pêcheurs ont dû adapter les méthodes de pêche et les bateaux. Dans les îles du Pacifique, on pêche sur des pirogues à balancier. Au Grand Nord, les Esquimaux, dans des kayaks en peau de phoque, utilisent le harpon pour chasser morses et phoques. Dans nos régions, la grande pêche est pratiquée par des chalutiers industriels. D'autres, plus petits, les chalutiers artisans, sortent en mer pour une à deux semaines. Les bateaux de pêche les plus nombreux sont ceux qui pêchent tout au long des côtes et ne restent que de un à quatre jours en mer.

Les chalutiers

Les chalutiers industriels sont des bateaux de 50 à 90 m de long. Les plus gros, véritables bateaux-usines, mesurent jusqu'à 120 m. Ils tirent derrière eux un grand filet en forme de cône : le chalut. Les chaluts opérant entre deux eaux peuvent capturer en une seule prise jusqu'à 100 t de poissons qui seront déversés sur le pont puis stockés en cale, dans des installations frigorifiques.

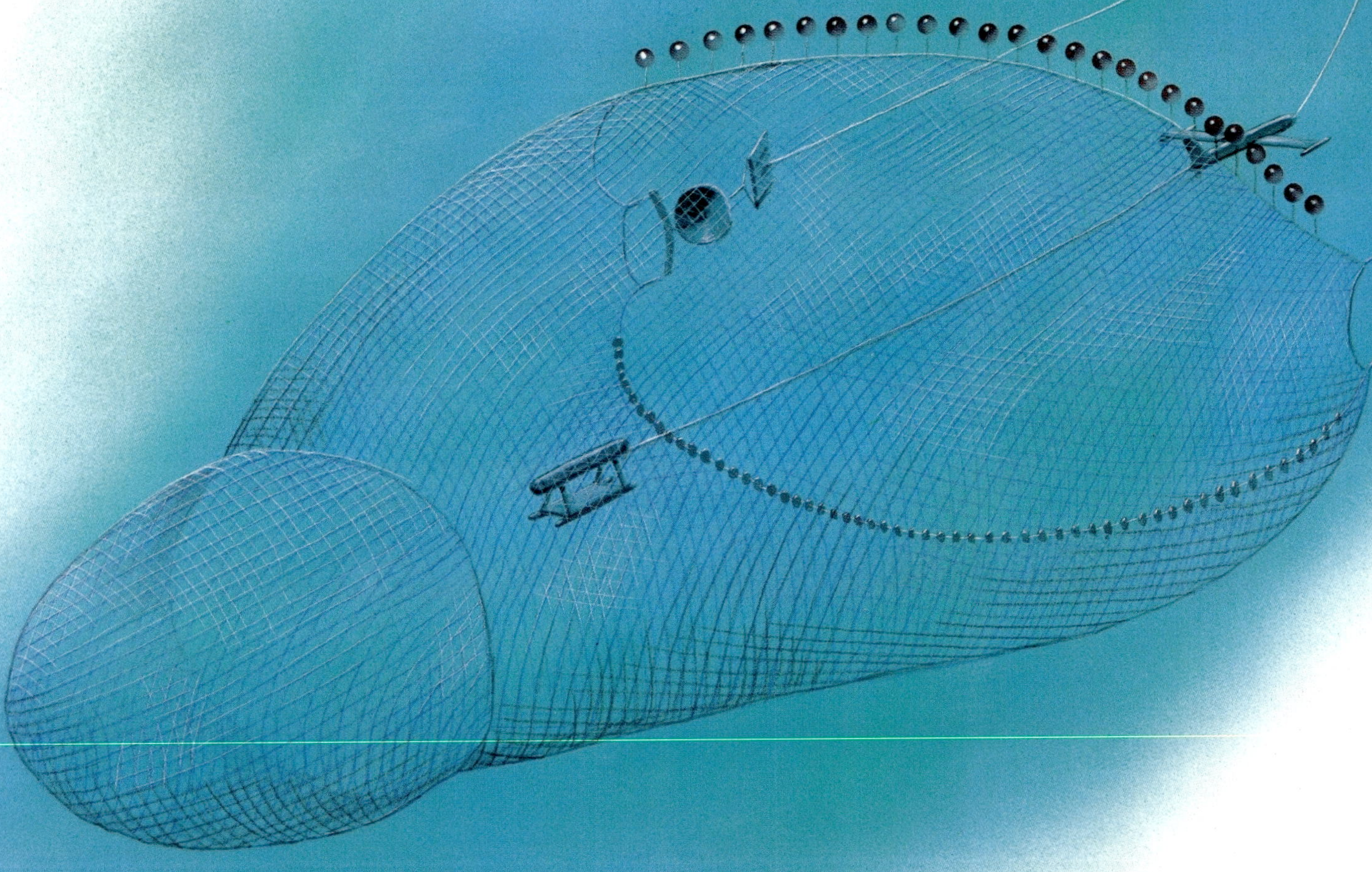

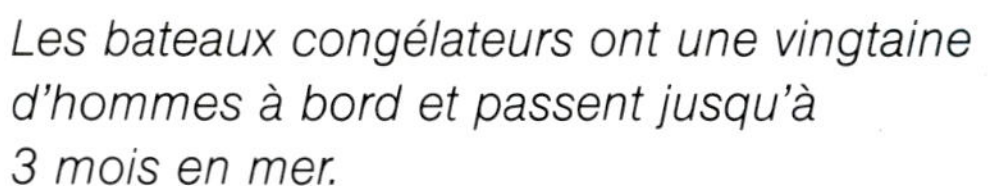

Les bateaux congélateurs ont une vingtaine d'hommes à bord et passent jusqu'à 3 mois en mer.

La planche à voile brésilienne

Certains marins brésiliens pêchent encore sur une planche à voile – la *jangada* – à plus de 50 km des côtes. Sur cette fragile embarcation munie d'une dérive et d'un aviron, ils s'attachent la nuit pour ne pas tomber à la mer.

La baleinière

Depuis 1982, pour sauver les baleines, on a interdit leur chasse, mais certains pays comme le Japon et la Norvège ne respectent pas cette interdiction. Auparavant, pour les chasser, on utilisait une baleinière à côté du navire de pêche. De cette embarcation, le rameur, à l'avant, lançait son harpon attaché à un filin pour le planter dans la baleine, qui était ensuite achevée à coups de harpon puis remorquée vers le navire où elle était hissée puis découpée.

Un équipement moderne

Pour détecter les bancs de poissons, les chalutiers possèdent trois types d'appareils : le sondeur, qui émet des sons, mesurant ainsi le fond et détectant la présence de poissons ; le sonar, qui fait le repérage tout autour du bateau ; et le radar, qui détecte, en surface, les rassemblements d'oiseaux au-dessus de bancs de poissons.

Le canot des Indiens

Autour des nombreux lacs du nord de l'Amérique, les Indiens se fabriquaient des canots en écorce d'arbre (bouleau, orme, châtaignier). Les pièces d'écorce étaient cousues avec des racines d'épicéa. Agenouillés sur le fond du canot, les Indiens parcouraient les lacs et pêchaient en tuant les poissons avec des flèches. Leurs canots étaient assez solides pour franchir les rapides.

LES PÉTROLIERS ET PORTE-CONTENEURS

Après les premiers pétroliers des années 1870, les Allemands construisent en 1885 un trois-mâts, le *Glückauf*, pouvant stocker 3000 t de pétrole dans des réservoirs séparés par des cloisons. Après la fermeture du canal de Suez en 1967, les pétroliers doivent faire le tour de l'Afrique. On construit alors des superpétroliers, géants des mers, transportant jusqu'à 550000 t. Puis, en 1975, le canal étant réouvert, on revient à des pétroliers moins grands. Pour le transport des marchandises, apparaissent les porte-conteneurs.

Le porte-conteneurs ►

Dans les énormes cales du navire porte-conteneurs et sur le pont, on range des milliers de conteneurs, grandes boîtes de métal de 6 m sur 2 m, hautes de 2 m, qui arrivent à quai par train ou par camion et sont chargés à bord par des grues-portiques. Les conteneurs, tous de même dimension, sont empilés comme les cubes d'un jeu de construction, sans aucune place perdue. La manutention est cinq ou six fois plus rapide que sur des cargos classiques. Deux tiers du trafic mondial sont maintenant transportés sur ces navires qui constituent un moyen de transport très sûr pour les marchandises. Les porte-conteneurs contiennent toutes sortes de marchandises : voitures, moteurs, machines, mais aussi alimentation (agrumes, légumes et produits surgelés) grâce à des conteneurs frigorifiques.

Sur ce pétrolier en marche, un hélicoptère peut se poser sur l'aire d'apportage pour apporter courrier et nourriture fraîche. Pour parcourir les 300 m du pont, on prend une bicyclette !

Le pétrolier

Ce superpétrolier de 300 000 t mesure 350 m de long. Toute la vie à bord est concentrée à l'arrière, dans le « château » où se trouvent la passerelle de commandement (à 45 m de hauteur) d'où l'on conduit et surveille le navire, et les appartements des 30 membres de l'équipage. Comme les hommes vivent des mois à bord, on y trouve cuisine, cinéma, bibliothèque, salles de lecture, de sport, piscine, etc. Dans le golfe Persique, en une journée, le pétrolier charge ses 300 000 t de pétrole dans les soutes. Un mois plus tard, à la vitesse de 30 km/h, il arrive dans un des grands ports européens, spécialisés pour recevoir ces géants. Là, il est rapidement déchargé et il repart aussitôt, car le séjour dans les ports coûte très cher.

LES SOUS-MARINS

Après des essais rudimentaires, c'est en 1896 que le Français Laubeuf et l'Américain Holland lancent un bateau pouvant avancer pendant quelque temps sous l'eau, grâce à un moteur électrique. En surface, il était propulsé par un moteur Diesel. Pour plonger, on remplissait d'eau de grands réservoirs logés dans la coque ; on les vidait pour refaire surface. À partir de 1955 apparaissent les premiers sous-marins nucléaires, pouvant naviguer sous l'eau pendant des mois. Dès 1960, un sous-marin nucléaire fait le tour du monde sans remonter à la surface. À l'origine, les sous-marins avaient une fonction militaire, mais aujourd'hui ils servent aussi à explorer les fonds marins.

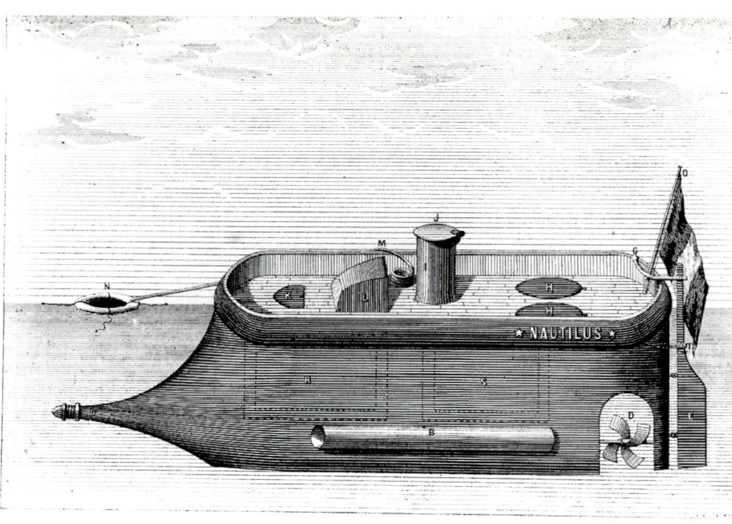

Le *Nautilus*

En 1798, en France, un inventeur américain, R. Fulton, dessine le *Nautilus*, destiné à soutenir la flotte française. Il est muni à l'arrière d'une hélice actionnée à bras. L'équipage de 3 hommes peut y vivre 3 heures, et aller fixer, sous la coque d'un navire ennemi, une charge de poudre, pour la faire exploser à distance.

Les sous-marins nucléaires

Ces sous-marins sont propulsés par des réacteurs nucléaires. La chaleur dégagée par ces réacteurs produit de la vapeur qui entraîne une turbine faisant tourner les hélices. Ces réacteurs, silencieux, fonctionnent sans air ; les sous-marins peuvent désormais rester en plongée pendant des mois, et même des années, et parcourir ainsi 170 000 km par an. Ces engins d'attaque lancent des torpilles jusqu'à 18 km, et des missiles à presque 6 000 km.

La Tortue

La Tortue, construite en 1776 par D. Bushnell pendant la guerre d'Indépendance américaine, fut le premier sous-marin à attaquer un navire de surface. Dans sa coque, faite de 2 carapaces accolées comme celles d'une tortue, l'unique occupant, faisant tourner les hélices à la main, alla fixer sous le navire amiral anglais une bombe à retardement, puis s'éloigna. L'expérience échoua, mais l'idée d'une nouvelle arme était lancée. Le pilote pouvait rester 30 mn sous l'eau.

Le *Trieste I*

Les bathyscaphes sont des sous-marins destinés à explorer les grands fonds de la mer. Le *Trieste I*, construit en 1953 sur les plans d'Auguste et Jacques Piccard, détient encore aujourd'hui le record de plongée, à 10 916 m de profondeur. Sa sphère d'observation, sous la coque, peut loger un pilote et 2 observateurs.

Le *Deepstar 4000*

Réalisé d'après les dessins du commandant Cousteau et lancé en 1965, le *Deepstar 4000* est un engin d'exploration des fonds sous- marins opérant jusqu'à une profondeur de 1200 m. Les poids qui le font plonger sont largués quand il est au fond, et il remonte en libérant d'autres charges. Le centre abrite un pilote et 2 observateurs.

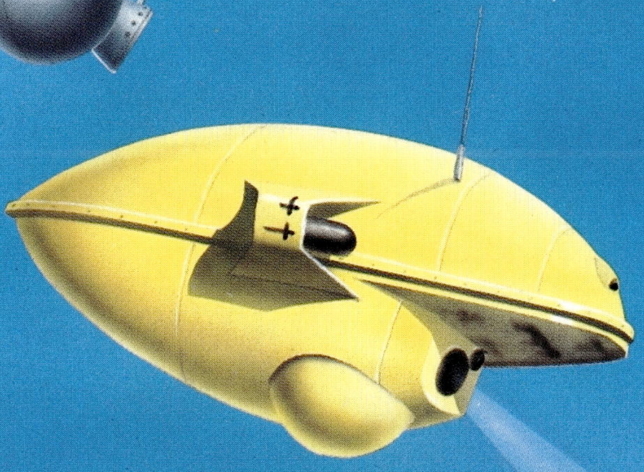

Deux hublots permettent d'observer le fond marin. Le Deepstar peut aller à une vitesse d'environ 7,5 km/h.

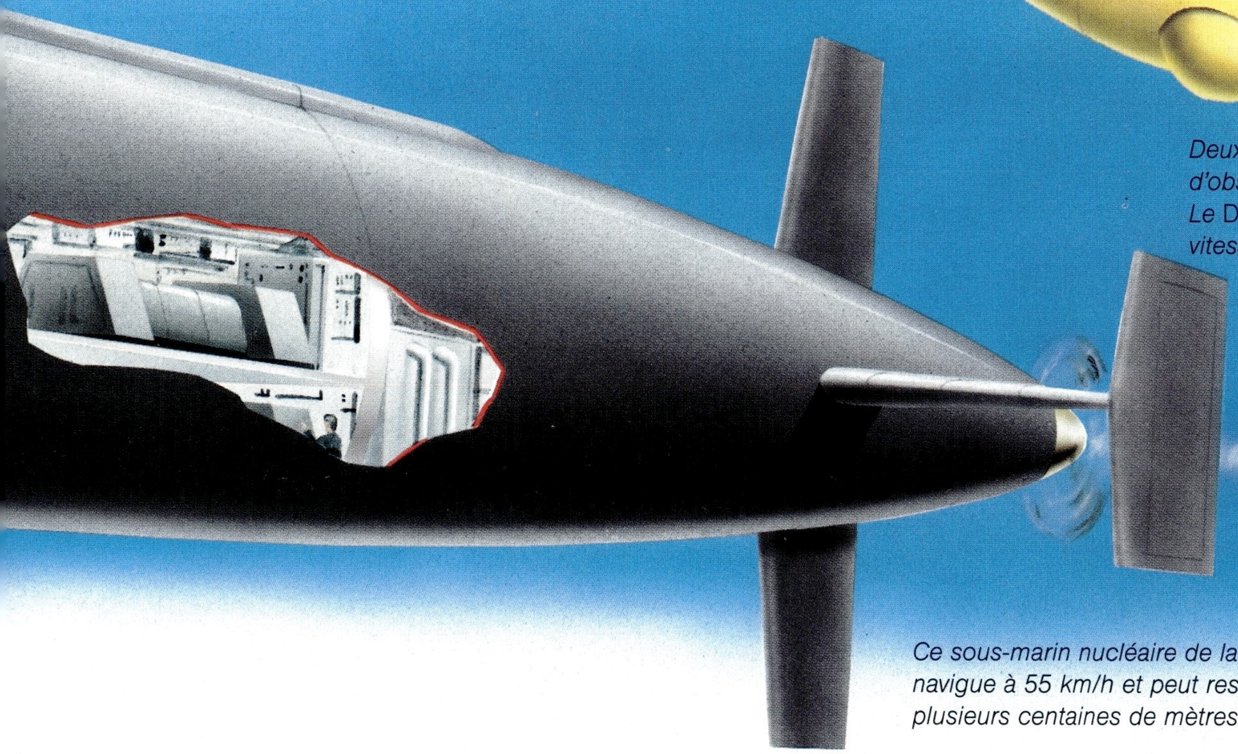

Ce sous-marin nucléaire de la marine américaine navigue à 55 km/h et peut rester en plongée à plusieurs centaines de mètres.

LES PORTE-AVIONS

Comme les sous-marins, les porte-avions ont permis d'inventer de nouvelles tactiques de combat naval. Ces véritables bases aériennes mobiles peuvent transporter sur toutes les mers du globe des flottilles entières d'avions capables d'attaquer des ennemis situés à des milliers de kilomètres.

C'est en 1917 qu'un avion décolle et apponte pour la première fois sur un navire en marche, le croiseur britannique *Furious*.

Dans les années 20, Anglais et Américains construisent les premiers porte-avions. Pendant la Seconde Guerre mondiale, 200 porte-avions seront utilisés.

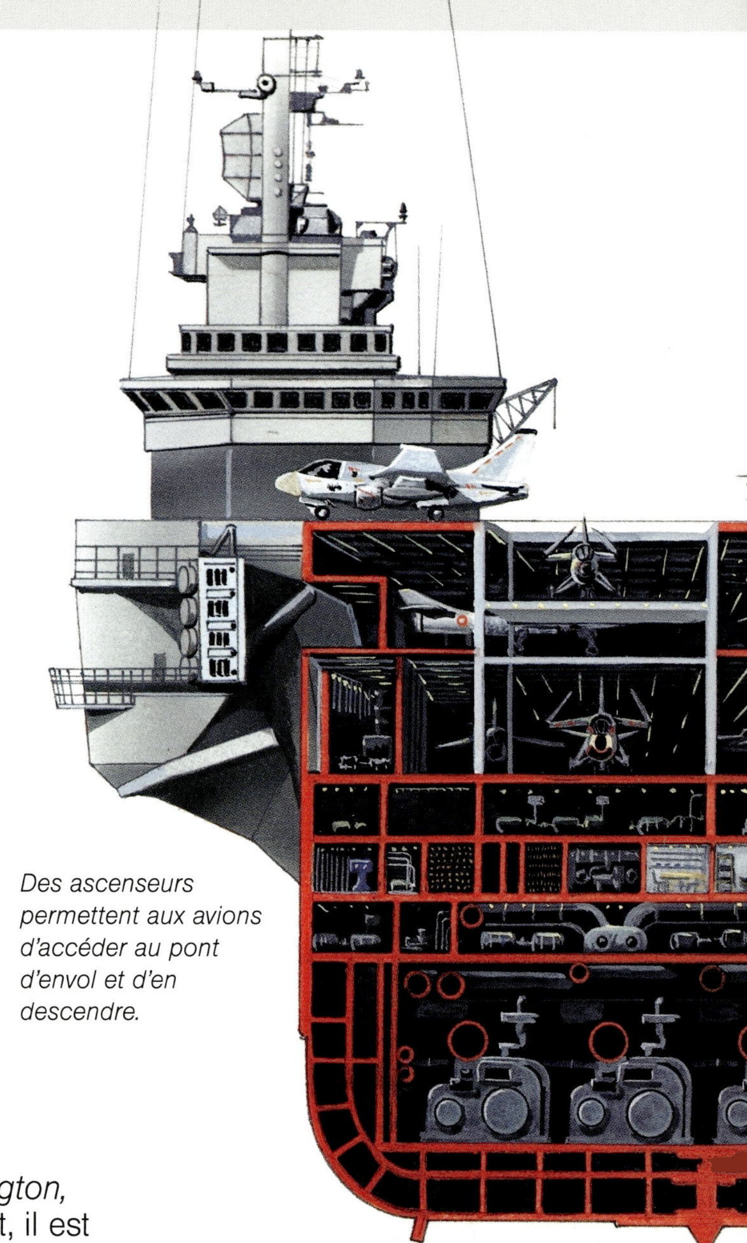

Des ascenseurs permettent aux avions d'accéder au pont d'envol et d'en descendre.

Les grands porte-avions

Le plus grand porte-avions actuel est le *George Washington,* de la marine américaine. D'un déplacement de 100 000 t, il est long de 333 m. Son pont est large de 71 m et déborde de la coque. Il peut embarquer plus de 90 appareils (avions d'interception, de guerre électronique, d'assaut, de chasse, et hélicoptères). La marine française dispose, elle, de 2 porte-avions : le *Clemenceau* et le *Foch*. Longs de 265 m, larges de 51 m, ils transportent chacun, avec 1920 hommes d'équipage, une quarantaine d'avions et d'hélicoptères. En cours de construction, le *Charles de Gaulle*, à propulsion nucléaire, aura 261 m de long et 64 m de large.

À bord d'un grand porte-avions, il peut y avoir jusqu'à 5 000 personnes embarquées.

L'intérieur d'un porte-avions

Un porte-avions constitue une vraie base aérienne flottante. En plus des installations de navigation et des salles pour l'équipage, on trouve, sous le pont d'envol, des hangars pour les avions, des magasins de pièces détachées, et des soutes à carburant.

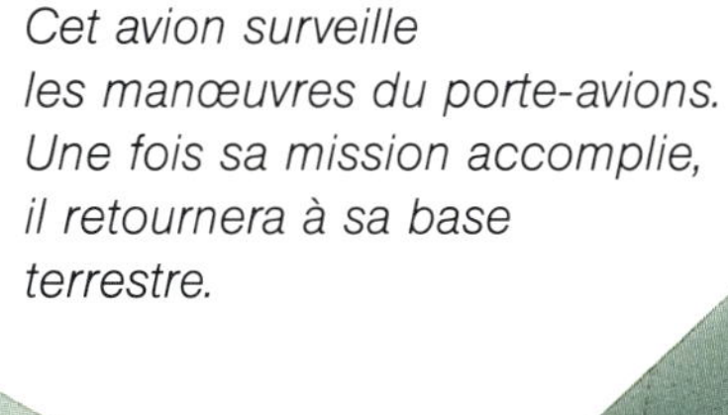

Cet avion surveille les manœuvres du porte-avions. Une fois sa mission accomplie, il retournera à sa base terrestre.

Le pont d'envol

Sur le pont d'envol, les avions décollent, lancés à pleine vitesse par des catapultes. Une catapulte peut lancer un avion de 16 t à plus de 280 km/h. Pour apponter, l'avion porte sous son fuselage une crosse qui, en se posant sur le pont, doit accrocher un câble tendu en travers de celui-ci. Ce câble freine puis immobilise l'appareil. Il faut être un pilote bien entraîné pour poser un avion à réaction sur une surface grande comme 3 piscines olympiques, qui roule et qui tangue.

LES CAR-FERRIES

Inspirés des bacs d'autrefois, les car-ferries sont des bateaux spécialement conçus pour transporter véhicules et passagers entre deux côtes voisines. C'est en 1931 qu'un ferry, l'*autocarrier*, traverse la Manche pour la première fois. Puis on construit des ferries de plus en plus grands, et on invente de nouvelles techniques : ainsi en 1968 apparaît sur la Manche un aéroglisseur, l'*hovercraft*. L'*hovercraft* navigue sur un coussin d'air, soufflé par le bas grâce à des ventilateurs. Entre Nice et la Corse, on verra en 1996 un NGV (Navire à grande vitesse), propulsé par des hydrojets à 70 km/h.

Les grands car-ferries

Sur ces car-ferries, on trouve tout le confort possible : salons, bars avec vue panoramique, restaurants, salles de réunion, salles de jeux pour les enfants, magasins, et bien sûr cabines de passagers. Pour embarquer autos, camions et bus, on ouvre de grandes portes métalliques à fermeture étanche, et les véhicules sont rangés sur des ponts superposés. Selon leurs dimensions, les car-ferries chargent de 300 à 550 véhicules et transportent de 1400 à 1800 passagers. Leur longueur varie de 120 à 160 m et leur vitesse de croisière est de 35 km/h.
Ils naviguent sur des lignes joignant des côtes voisines, comme celles de l'Angleterre, de l'Irlande et de la France en Europe. Il ne faut que 1 h 30 mn à un ferry pour traverser la Manche entre Calais et Douvres.

Dans le HSS, on trouvera tout ce qu'offrent les autres ferries. Le HSS portera 1500 passagers et 350 véhicules.

Les ferries de l'avenir

Le plus grand des ferries rapides, le HSS des lignes Stena, sera mis en service en octobre 1995 sur la mer d'Irlande, et deux ans plus tard sur la Manche. Avec sa double coque, ce catamaran géant, long de 120 m, sera propulsé selon une méthode nouvelle : 4 turbines à eau, rejetant l'eau comme des réacteurs d'avion éjectent de l'air, lui donneront une vitesse maximale de 90 km/h. Le temps de traversée Angleterre-Irlande sera réduit de moitié.

TABLE DES MATIÈRES

Remerciements
Nous remercions les Chantiers de l'Atlantique
et le Musée de la marine pour leur précieuse collaboration.

ISBN : 2-215-03130-1

Dépôt légal, septembre 1995
Imprimé en Italie